Ecología hasta en la sopa

Mariela Kogan e Ileana Lotersztain
Ilustraciones de Pablo Picyk

¿Qué es ediciones iamiqué?

ediciones iamiqué es una pequeña empresa argentina manejada por una física y una bióloga empecinadas en demostrar que la ciencia no muerde y que puede ser disfrutada por todo el mundo. Fue fundada en 2000 en un desván de la Ciudad de Buenos Aires, junto a la caja de herramientas y al ropero de la abuela.

ediciones iamiqué no tiene gerentes ni telefonistas, no cuenta con departamento de marketing ni cotiza en bolsa. Sin embargo, tiene algo que debería valer mucho más que todo eso: unas ganas locas de hacer los libros de información más innovadores, más interesantes y más creativos del mundo.

Textos: Mariela Kogan e Ileana Lotersztain
Corrección: Patricio Fontana
Ilustraciones: Pablo Picyk
Lectura crítica: Diego Moreno
Edición: Carla Baredes
Diseño: Pablo Picyk y Javier Basile

©ediciones iamiqué
info@iamique.com.ar
www.iamique.com.ar
facebook: ediciones iamiqué
twitter: @_iamique_

Primera edición: marzo de 2015
Tirada: 3000 ejemplares
I.S.B.N.: 978-987-1217-76-2
Queda hecho el depósito que establece la ley 11.723
Impreso en Argentina. Printed in Argentina

Kogan, Mariela
   Ecología hasta en la sopa / Mariela Kogan y Ileana Lotersztain; ilustrado por Pablo Picyk. - 1a ed. - Ciudad Autónoma de Buenos Aires : Iamiqué, 2015.
   48 p. : il. ; 21x21 cm. - (Sopa de ciencias ; 2)

   ISBN 978-987-1217-76-2

   1. Ciencias para Niños. I. Ileana Lotersztain II. Picyk, Pablo, ilus. III. Título
   CDD 500.54

¡Hola!

Me llamo Mariela y soy doctora en Biología.
Voy a contarte algo que me pasó hace un tiempo.

Una tarde, mis sobrinas Sofía y Violeta llegaron
a mi casa muy entusiasmadas y me contaron que
cuando sean grandes van a ser ecologistas porque
les gustaría cuidar y defender nuestro planeta.
¡Yo les dije que para eso no hacía falta esperar
a ser grandes!

Les propuse mostrarles que la ecología es algo
que tiene que ver con la vida de todas las personas,
más allá de su edad y del lugar donde vivan.

Y esto fue lo que pasó...

14:00

Para empezar con nuestra tarde a pura ecología, las desafié a que encontraran cosas que no tuvieran nada que ver con la naturaleza. Sofía y Violeta señalaron la computadora, el televisor, sus zapatillas... Para darles una pista, les pregunté:

¿De qué están hechas todas las cosas?

6

LUISA

Algunas cosas se fabrican con materiales que se encuentran directamente en la naturaleza: piedras, metales, arena, madera, algodón, lana o cuero, por ejemplo.

Otras están hechas con plástico, vidrio o papel, que son materiales que no existen por sí solos en la naturaleza. Se llaman **sintéticos** y los fabrica el hombre con **materiales naturales**. Para hacer vidrio, por ejemplo, se necesita arena; para hacer papel, madera; y para hacer plástico se necesita petróleo. ¡Para fabricar cada cosa que ven a su alrededor se usa siempre un pedacito de naturaleza!

¿Cuánta naturaleza se esconde en un juguete?

El petróleo es una sustancia natural que se formó hace millones de años a partir de la descomposición de plantas y animales prehistóricos cuyos restos quedaron enterrados en la corteza terrestre. Se extrae de las profundidades de la tierra o de debajo del lecho del mar, y con él se fabrican combustibles, pinturas, detergentes, cosméticos, fertilizantes y plásticos... ¡muchos plásticos!

Una muñeca, un camioncito, un cubo, una palita... antes de ser plástico fueron petróleo, y antes, mucho antes, fueron plantas y animales.

ALGODÓN

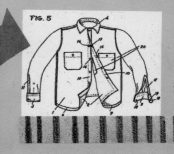

FIG. 5

14:30

Sofía se quedó pensando un rato en eso de que todo se fabrica a partir de la naturaleza y, entonces, preguntó:

¿Para fabricar cosas grandes se usa más naturaleza que para fabricar cosas pequeñas?

"Para fabricar algo grande, como un edificio o un avión, se necesita mucha naturaleza. Sin embargo, no siempre el tamaño de un objeto da idea de la "cantidad de naturaleza" que se utilizó para fabricarlo, porque no sólo cuenta lo que quedó metido en el objeto, sino todo lo que se empleó para la extracción de las materias primas, su fabricación, el envasado, el transporte y el tratamiento de los residuos que se generaron en todo el proceso.

Por ejemplo, para conseguir el oro necesario para fabricar un anillo de unos 10 gramos se necesita remover 3.500 kilogramos de piedra en la montaña. ¡Qué desproporción!

3.500 KG

La mochila ecológica

Cada objeto tiene su **mochila ecológica**, que es el peso total de los recursos naturales que se necesitan para que cumpla su ciclo de vida; es decir, para que sea creado, empaquetado, trasladado, usado y descartado.

Mochila ecológica de algunos productos

Cepillo de dientes: 1,5 kg

Teléfono móvil: 75 kg

Cafetera: 285 kg

Computadora portátil: 1.500 kg

Automóvil: 15.000 kg

14:45

Violeta pidió ir a jugar a la plaza y hacia allá fuimos. En el camino, oímos unos bocinazos muy fuertes y aproveché para preguntarles:

¿Cómo nos afecta el ruido?

10

"En las grandes ciudades hay un problema que preocupa cada vez más: la **contaminación sonora**. Las fuentes de ruidos urbanos son muchísimas: autos, motos, transportes públicos; obras en construcción y arreglos en las calles; discotecas y locales de videojuegos; aviones que sobrevuelan el cielo... ¡y la lista sigue!

Aunque muchas veces no reparamos en estos ruidos, con el tiempo pueden traernos problemas de salud, como disminución de la audición, alteración del sueño, cansancio, mal humor y pérdida de concentración.

Es difícil evitar la contaminación sonora, pero al menos podemos proteger nuestro entorno sonoro si, por ejemplo, ponemos el televisor y la computadora a un volumen moderado, o intentamos no pasar mucho tiempo en lugares muy ruidosos.

¡También hay contaminación visual!

Los cables, las antenas, las señales viales y los enormes carteles publicitarios que inundan nuestro campo visual no sólo le quitan belleza al paisaje o a la arquitectura del lugar... Este exceso de información, que no siempre alcanza a ser procesado por nuestro cerebro, puede generar aturdimiento, dolor de cabeza y mal humor.

Además, representa una distracción peligrosa que muchas veces provoca accidentes de tránsito.

15:00

Llegamos muy pronto a destino. ¡Suerte que tengo una plaza cerca de mi casa!, les dije con entusiasmo, y les pregunté:

¿Para qué sirven las plazas?

" Los espacios verdes son lugares ideales para jugar, caminar, correr, hacer ejercicio al aire libre y disfrutar del encuentro con la naturaleza. Pero esto es sólo una parte de los beneficios que aportan a la ciudad: sus plantas liberan oxígeno y capturan parte de las partículas y gases que contaminan la atmósfera. Además, el agua de lluvia pasa a través de la tierra y vuelve a los ríos subterráneos que corren debajo del suelo, lo que evita algunas inundaciones. Cada vez que se cede uno de estos espacios para la construcción de un edificio o un centro comercial, los problemas ambientales aumentan. Por eso es tan importante cuidar las plazas y parques que tenemos, y procurar que los gobiernos proyecten nuevos y respeten los que hay.

¡Queremos más plazas!

La Organización Mundial de la Salud sugiere una proporción mínima de 10 m2 de espacio verde por cada habitante. Estos son los valores aproximados en m2 de algunas ciudades importantes:

Curitiba (Brasil): 52
Ciudad de México (México): 28
Nueva York (Estados Unidos): 23,1
Madrid (España): 14
Toronto (Canadá): 12,6
París (Francia): 11,5
Santiago (Chile): 10
Montevideo (Uruguay): 9,2
Buenos Aires (Argentina): 6
Tokio (Japón): 3
Estambul (Turquía): 2,6
Lima (Perú): 2
Quito (Ecuador): 1,5

16:00

Después de pasar un rato en los juegos les propuse que contaran cuántos tipos diferentes de animales y plantas había en la plaza, pero eran tantos que enseguida se cansaron. "¡Imagínense si tuvieran que contar los del mundo entero!", les dije riendo, y ahí nomás les solté una nueva pregunta:

14

¿Con cuántas especies compartimos el planeta?

Hasta ahora se conocen alrededor de un millón y medio de especies, pero los científicos calculan que convivimos con muchas más: ¡unos diez millones! Es decir que todavía quedan muchísimas por descubrir y algunas, incluso, se extinguirán sin haber sido descubiertas. Encontrar y describir nuevas especies son tareas que llevan tiempo y esfuerzo, sobre todo cuando se trata de seres muy pequeños (insectos, hongos o microorganismos) o que habitan lugares a los que es muy difícil llegar, como las densas selvas tropicales o el fondo del mar.

BiODIVeRSidAD

¡Viva la biodiversidad!

Toda esta gran variedad de formas de vida se conoce como biodiversidad. La biodiversidad es fundamental para las personas, entre otras cosas porque de allí provienen nuestros alimentos y las materias con las que fabricamos los remedios, la ropa, los objetos...

EL 22 DE MAYO ES EL DÍA INTERNACIONAL DE LA BIODIVERSIDAD

16:30

Sofía y Violeta se quedaron pensando un rato en lo que les había contado. Las noté preocupadas. Cuando quise saber qué era lo que las inquietaba, Violeta preguntó:

¿Qué pasa cuando una especie se extingue?

cortar

Para poder vivir, todos los animales, plantas y microorganismos se relacionan entre sí y con el lugar que los rodea. Interactúan para alimentarse, para respirar, al descomponerse... Si uniéramos con flechas las relaciones entre todas las especies del planeta tendríamos infinitos cruces que formarían una gran red. Cada vez que desaparece una especie, se rompe un pedacito de esa red que contiene a todos los seres vivos.

Imaginen que construyen una pared donde algunos ladrillos representan el suelo de un lugar; otros, el agua que recibe; otros, la luz del sol que llega hasta allí; otros, los animales, las plantas, los microorganismos... Si quitan un solo ladrillo seguramente la pared se mantendrá en pie, pero si sacan otro, y otro, y otro más, en algún momento todo se derrumbará.

¡Qué tierno!

Muchas organizaciones ambientales promueven campañas en defensa del yaguareté, del oso panda, del oso polar, de las ballenas o de los delfines. Estas son **especies bandera**, porque despiertan mayor sensibilidad y simpatía entre la gente.

Pero eso no significa que las demás no importen: como cada uno de estos animales es un ladrillo en todo el conjunto, protegerlo es una manera indirecta de cuidar su ambiente y todas las especies que allí habitan.

17:00

A ambas les llamó la atención el ruido que hacían un grupo de cotorras y comenzaron a imitarlas. Les conté que en algunos lugares esas simpáticas cotorritas son una especie invasora. Sofía abrió grandes los ojos y preguntó extrañada:

¿Qué son las especies invasoras?

CREEEEEEECC

CRAAAAAC
CRAAAC

> Las personas suelen llevar animales y plantas desde su lugar de origen hacia otros sitios lejanos. A veces el traslado se hace en forma accidental, como cuando algunas semillas quedan prendidas a las ruedas de un auto o algunos caracoles viajan pegados en el casco de un barco. Otras veces se hace de manera intencional, como cuando alguien se lleva el gajo de una planta para plantar en casa o un animal para tener como mascota.
> En algunos de estos casos puede suceder que la especie recién llegada se multiplique con facilidad porque, al ser nueva en el lugar, no tiene predadores naturales que se la coman. Cuando esto pasa, la nueva especie aumenta en número de manera desproporcionada y puede atacar a otras especies, propagar enfermedades, ocupar los espacios públicos... ¡y transformarse en un verdadero problema!
> Según la Unión Internacional para la Conservación de la Naturaleza (UICN), en el mundo ya hay al menos cien especies que por su crecimiento descontrolado y por los daños que provocan al ambiente y a la economía se consideran invasoras peligrosas.

¡Ahí viene la plaga!

Myiopsitta monachus es una cotorrita originaria de Sudamérica que hace unos treinta años empezó a exportarse a España como mascota. Muchas de esas cotorritas terminaron sueltas, porque se escaparon o porque sus dueños las dejaron ir ya que no resultaron tan domesticables como esperaban. La especie empezó a reproducirse libremente y llegó a multiplicarse tanto que hoy arrasa con los cultivos y causa serios problemas en el cableado de luz.

17:30

Al irnos de la plaza, decidimos preparar una rica sopa para la cena, así que nos dirigimos hacia una feria agroecológica cercana. Sorprendidas, mis sobrinas preguntaron a dúo:

¿Qué son los alimentos agroecológicos?

La **agroecología** es una forma de producir alimentos que integra los saberes de las personas que viven en el campo desde hace muchas generaciones con los conocimientos científicos de la ecología. Se preocupa especialmente por el cuidado de la salud de los campesinos y por el respeto por sus derechos.

Quienes producen alimentos agroecológicos trabajan en pequeñas parcelas de tierra, propias o comunitarias, sin usar venenos ni fertilizantes químicos. Cultivan variedades propias de la zona y cuidan la tierra y el agua del lugar.

A diferencia de los alimentos tradicionales que se encuentran en los almacenes y supermercados, los productos que se consiguen en las ferias agroecológicas se obtienen con métodos mucho menos dañinos para el medio ambiente y para las personas que trabajan en su producción, y son más saludables para quienes los consumen.

agroecología

ECOLÓGICO   ECONÓMICO

SOCIOCULTURAL

¿Es lo mismo agroecológico y orgánico?

La producción de alimentos orgánicos, biológicos o ecológicos se realiza respetando normas internacionales que regulan el uso de sustancias químicas durante el cultivo y la elaboración. Son saludables y causan menos daño al ambiente que los alimentos tradicionales, pero en su producción no se tiene en cuenta el aspecto cultural, social y económico, como sí lo hace la agroecología.

17:45

Sofía quería comprar sandía, pero le dijeron que todavía no era temporada. Entonces me preguntó decepcionada:

¿Por qué no se consigue la misma fruta a lo largo de todo el año?

22

NARANJA
MANDARINA
QUINOTO

"Las plantas no crecen en cualquier momento ni en cualquier lugar. Como todos los seres vivos, para desarrollarse y crecer dependen de las condiciones del ambiente: la temperatura del aire, la intensidad de la luz del sol, la cantidad de lluvia, el tipo de suelo... Por eso, en cada momento del año y en cada lugar, crecen y dan sus frutos distintas especies de plantas.

Sin embargo, en la actualidad es cada vez más frecuente encontrar sandía en otoño o mango en la Patagonia. Eso se logra mediante el uso de productos químicos, procesos de conservación con aditivos y cámaras de frío, y el transporte de las cosechas a lo largo de distancias larguísimas. ¡Todas cosas que impactan negativamente sobre el ambiente y sobre nuestra salud!

Las ventajas de consumir frutas y verduras de estación:

→ **Es más sano**, porque al ser recolectadas y consumidas en su época natural se preservan mejor sus cualidades nutritivas y nos ofrecen un mayor aporte de vitaminas.

→ **Es más rico**, porque las plantas sometidas a largos períodos de transporte y conservación pierden aroma y sabor.

→ **Cuidamos el medioambiente**, porque respetamos el ciclo natural de las plantas y el suelo, disminuimos el uso de productos químicos, minimizamos el gasto energético y reducimos la contaminación que produce el transporte.

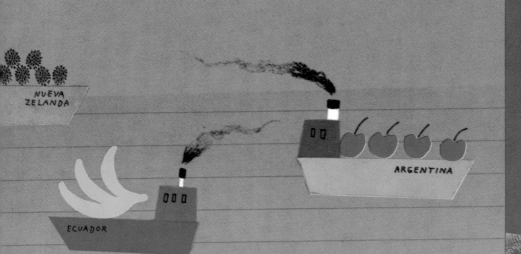

NUEVA ZELANDA

ARGENTINA

ECUADOR

18:00

Salimos de la feria y entramos al supermercado para terminar de hacer nuestras compras. Sofía y Violeta querían todo lo que veían a su paso: dulces, pegatinas, juguetes, camisetas, pinturitas... Ahí nomás las desafié:

¿Qué significa ser consumidores responsables?

24

QUIERO

QUIERO

ESO

Y ESO

Y ESO TAMBIÉN

QUIERO

C ¿CÓMO ELEGIR

— es **+**

SE APRENDE

"Cada cosa que se fabrica tiene un pequeño impacto sobre el medioambiente, así que reducir lo que compramos es una de las maneras más efectivas que tenemos de cuidar nuestro planeta. Por eso es importante consumir lo necesario y elegir a conciencia los productos que adquirimos.

Hay muchas cosas de las que podemos prescindir, que elegimos o deseamos por capricho, porque lo tiene un amigo o porque vimos una publicidad muy tentadora. Antes de pedir y comprar algo es bueno preguntarse: ¿cuánto lo voy a usar?, ¿cuánto me va a durar?, ¿es algo que pueda pedir prestado?, ¿puedo arreglar el que ya tengo?, ¿cuánta naturaleza se habrá empleado para fabricarlo y empaquetarlo?, ¿qué pasará con él cuando ya no lo quiera? Y lo más importante: ¿lo necesito realmente?

¡ RECOMIENDO ESTE YOGUR ! AUNQUE... NUNCA LO PROBÉ...

¿Es eso lo que deseas?

Tal vez hace poco tiempo hayas tenido muchas ganas de beber un determinado yogur. ¿Habrá sido por el yogur o porque en su envase estaba el protagonista de la última película animada? Las empresas pagan grandes sumas de dinero para usar las imágenes de los personajes de moda en sus productos, porque saben que esa inversión les dará grandes ganancias. ¿Lo habías pensado?

18:15

Al momento de pagar nos ofrecieron una bolsa de plástico para llevarnos la compra, pero yo la rechacé y puse todo en la bolsa de tela que siempre llevo conmigo. Mientras guardábamos las cosas, Sofía quiso saber:

¿Por qué hacen tanto daño las bolsas de plástico?

> Para fabricar una bolsa de plástico se usa energía, agua y petróleo. Esa bolsa se utiliza una o dos veces y luego se la descarta. En el mejor de los casos quedará enterrada en un basurero, aunque lo más probable es que sea arrastrada por el viento hasta llegar al campo, al río o al mar. Si nada nuevo le sucede, tendrán que pasar más de 100 años para que se desintegre por completo.

Así, a lo largo de los años, se han ido acumulando en el planeta cantidades inimaginables de bolsas plásticas que llegaron a los lugares más remotos. Estas bolsas representan un grave peligro para los peces, las aves, las tortugas y los mamíferos marinos, porque éstos a menudo se enredan con ellas y quedan inmovilizados o se asfixian. También pueden ingerirlas porque las confunden con alimento y, al hacerlo, se enferman o mueren de indigestión.

Islas que no son paradisíacas

Hace algunos años un barco que navegaba por el océano Pacífico Norte se desvió de la ruta tradicional y, ¡oh sorpresa!, se topó con una gran cantidad de bolsas, tapitas, trozos de botellas, envases y otros restos plásticos que ocupaban ¡kilómetros y kilómetros de superficie! Luego de ese primer hallazgo, los científicos descubrieron otros cuatro basureros gigantes, distribuidos en los océanos Pacífico Sur, Atlántico Norte y Sur y en el Índico. Son zonas de poca corriente, que actúan como grandes embudos donde la basura se acumula y forma descomunales islas de trozos de plástico.

18:30

Al salir a la calle, un auto pasó echando un humo muy negro. A Sofía se le instaló una duda muy curiosa:

¿Adónde va a parar el humo que desprenden los autos?

28

12

" Mientras están encendidos, todos los autos, los buses y las motocicletas echan humo. Ese humo, que algunas veces es más visible que otras, está formado por una mezcla de gases y pequeñas partículas livianas que quedan suspendidas en el aire. Pero los vehículos no son los únicos que afectan el aire: los sistemas de calefacción y refrigeración y, principalmente, los procesos de producción de las industrias generan una enorme **contaminación atmosférica**. Es por eso que, en las grandes ciudades, muchas personas sufren mareos, cansancio extremo, accesos de tos, dolor de garganta o irritaciones en los ojos y la piel. Los que viven en las afueras tampoco están a salvo: como los vientos llevan y traen el aire de un lugar a otro, los contaminantes que se emiten en las ciudades terminan distribuyéndose por todo el planeta y causan los llamados **efectos globales**.

Las peores y las mejores

Más de la mitad de la población del mundo vive en alguna ciudad donde el nivel de contaminación es de más del doble de lo que recomienda la Organización Mundial de la Salud.

Entre las ciudades con más contaminación atmosférica se encuentran Nueva Delhi (India), Beijing (China), Abu Dabi (Emiratos Árabes Unidos), Doha (Qatar), Dakar (Senegal), Sofía (Bulgaria) y Ankara (Turquía). Por el contrario, Vancouver (Canadá), Copenhague (Dinamarca), Auckland (Nueva Zelanda) y Melbourne (Australia) son las que tienen el aire más limpio.

ALTERADO.

18:40

Sofía dijo que algo de los efectos globales le habían explicado en la escuela cuando investigaron el efecto invernadero. A Violeta, que parecía distraída, el tema le interesó:

30

¿Qué es el efecto invernadero?

73

"Para llegar hasta nosotras, la luz y el calor del Sol deben atravesar la capa de aire que rodea el planeta. Parte de esa radiación rebota en el suelo –las plantas, el mar, los edificios– y vuelve a salir al espacio, pero otra parte queda rebotando entre algunos de los gases que forman la atmósfera.

Al igual que en un invernadero, como si la atmósfera fuera un techo de vidrio, la Tierra se mantiene a una temperatura mucho mayor que la del espacio ¡sin usar calefacción! Si no fuera por el calor retenido entre los gases de efecto invernadero (GEI), nuestro planeta sería muy, muy frío y no podríamos vivir en él.

Confundida, Violeta volvió a preguntar:

¿El efecto invernadero es bueno o malo?

"En las últimas décadas, las actividades humanas provocaron un aumento en la concentración de los gases de efecto invernadero. Como consecuencia de esto, la temperatura media del planeta aumenta paulatinamente, lo que afecta a los seres vivos, el clima y los procesos naturales. Aunque parezca insignificante, un aumento pequeño en la temperatura puede provocar un cambio muy grande en la vida sobre la Tierra.

La deforestación

Las plantas son un importante regulador del efecto invernadero porque absorben dióxido de carbono, el principal componente de los GEI. Cuando talamos o quemamos un bosque, contribuimos al calentamiento del planeta porque hay menos árboles para retener carbono y además se libera a la atmósfera el carbono que estaba almacenado en esos árboles. Y eso no es todo: también se pierde la biodiversidad que lo habitaba y su capacidad para purificar el aire y proteger el suelo.

19:00

Nos pasamos el resto del camino conversando sobre los muchos cambios que provoca el aumento de los gases de efecto invernadero. Entonces les hice la pregunta que estaba dando vueltas:

¿Qué es el cambio climático global?

"El aumento de la temperatura media del planeta hace que los glaciares, los polos y la nieve se derritan cada vez más, y más agua circule por los ríos y desemboque en el mar. Pero eso no es todo: el aumento de la temperatura también provoca el calentamiento de las aguas. Al calentarse, el agua ocupa más espacio y esto hace que suba el nivel de los mares y de los océanos. Toda esa agua "de más" provoca crecidas e inundaciones que ponen en peligro a las poblaciones de las islas y las zonas costeras.

El cambio en la temperatura media también provoca alteraciones en las lluvias, que comienzan a ser más intensas en algunas zonas y menos abundantes en otras, al punto de que algunas quedan anegadas y otras, completamente secas. Y, por supuesto, afecta drásticamente a las plantas y a los animales, porque se altera el lugar donde viven y sus ciclos vitales. ¡Ante semejantes problemas globales, hace falta un gran cambio global en la conciencia de las personas!

do lo R

¿Eres una rana?

Dicen que si una rana cae en agua hirviendo, salta de inmediato para escapar. Pero si se la sumerge en agua fresca y se calienta la olla lentamente, la rana ni se inmuta. El aumento de la temperatura primero le produce somnolencia, luego fatiga, y para cuando el agua está muy caliente, la rana ya no puede reaccionar.
La alegoría de la rana se usa para explicar lo que nos pasa a las personas con algunos problemas ambientales que van empeorando lentamente y en los que podemos quedar atrapados, a menos que... ¡reaccionemos pronto!

19:15

Al llegar a casa nos pusimos a acomodar todo lo comprado. Mis sobrinas abrieron la heladera y dejaron la puerta abierta mientras sacaban cosa por cosa y pensaban dónde ponerlas. Bastó una mirada mía para que cerraran la heladera.

¿Por qué hay que ahorrar electricidad?

La electricidad que se usa para hacer funcionar la heladera y otros electrodomésticos, cargar las baterías, encender los motores e iluminar los ambientes se genera muy lejos de las ciudades, en las llamadas **centrales eléctricas**. Allí se captura energía de la naturaleza y se la transforma en electricidad.

Hay dos tipos principales de centrales: las hidroeléctricas, donde la energía se obtiene de la energía que poseen los ríos caudalosos, y las termoeléctricas, donde la energía se obtiene del calor producido al quemar combustibles fósiles. Las represas hidroeléctricas tienen un enorme impacto sobre el ambiente, porque alteran el flujo del agua, provocan inundaciones, afectan el suelo y destruyen el entorno de las especies del lugar, entre otros efectos adversos. En el caso de las centrales termoeléctricas, la electricidad se obtiene mediante el gasto de recursos naturales que no se renuevan, como el petróleo y el carbón. Y no sólo eso: al funcionar, emiten una gran cantidad de gases de efecto invernadero. ¡Cuanto más cuidamos la electricidad, más cuidamos el planeta!

Consejos para ahorrar energía en casa

→ Apaga la luz en los lugares donde ya no estás.

→ Apaga el televisor si no estás viéndolo.

→ Apaga la computadora cuando termines de usarla.

→ Piensa qué vas a sacar de la heladera antes de abrirla.

→ Si tienes acondicionador de aire, ajusta la temperatura entre 24ºC y 26ºC, tanto en verano como en invierno.

→ Si en casa van a comprar un electrodoméstico, sugiere que sea el de mayor eficiencia energética, es decir, tipo A o B.

19:30

Mientras pelaba unas frutas para hacer un postre, les conté que todas las cáscaras volverían en poco tiempo a formar parte de la tierra. Aproveché para preguntarles:

¿Cuál es la diferencia entre la basura orgánica y la inorgánica?

Cada día sacamos a la calle la basura. Lo mismo hace el vecino de enfrente y el de al lado... Todas las casas, todos los negocios, todas las oficinas, todas las fábricas del mundo producen basura. ¡Se generan miles de millones de kilos de basura por día!

La **basura orgánica** es la que proviene de los animales y las plantas, como las cáscaras de frutas, los huesos de pollo y otras sobras de comida. Al enterrarlos, estos residuos, que son restos de seres vivos, sirven de alimento para los microorganismos que viven en la tierra. Por eso, la basura de origen orgánico se descompone con facilidad y, en algunas semanas, pasa a formar parte del suelo.

La **basura inorgánica**, en cambio, está formada por desechos de origen sintético, como latas, plástico y vidrio, entre otras cosas. Como estos materiales no sirven de alimento para los bichitos del suelo, quedan en la tierra muchísimos años antes de llegar a desintegrarse.

Kilos de basura que genera una persona por año

en Santiago de Chile: 462
en San Pablo: 380
en Buenos Aires: 281
en Bogotá: 267
en Lima: 246
en Ciudad de México: 210

Tiempos de degradación

Colilla de cigarrillo: 2 años

Lata de gaseosa: más de 10 años

Bolsa de plástico: más de 100 años

Botella de vidrio: miles de años

19:45

Nos quedamos pensando en toda esa basura y el tiempo que tarda en desintegrarse. "De todo eso que se desecha una gran parte se puede reciclar", les comenté. Entonces, Violeta preguntó:

38

¿Qué quiere decir reciclar?

PAPEL

PLÁSTICO

VIDRIO

CARTÓN

¡PRIMERO SEPARAR!

❝ Reciclar es recuperar el material de un producto que ya no se usa y aprovecharlo para fabricar algo nuevo. De este modo, no sólo se disminuye la cantidad de basura que se genera, sino que se ahorran recursos naturales y energía. Por ejemplo, en lugar de cortar árboles cada vez que se necesita papel, es mucho mejor aprovechar papeles usados para hacer parte de la pasta con la que se fabricará el nuevo papel.

Son muchos los materiales reciclables: papel, cartón, vidrio, plástico. Pero una cosa es que algo se pueda reciclar y otra muy distinta es que se *llegue* a reciclar. Para que esto suceda, el primer paso, que depende de todos nosotros, es discriminar lo que puede ser reciclado y sacarlo por separado. A partir de allí, es responsabilidad de los gobiernos implementar planes para que esos residuos sean transportados hasta un lugar donde se cuente con la tecnología adecuada para el procesamiento y recuperación de los materiales.

¿Qué significan estos símbolos?

Elaborado con materiales que pueden ser reciclados

Elaborado con materiales que fueron reciclados

Las 3 R

Aunque se recuperara todo lo reciclable de la basura, aún así quedaría mucho desecho. Por eso, para evitar que se genere tanta basura y se desperdicien recursos naturales y energía, lo mejor es reducir la cantidad de cosas que compramos y consumimos. La regla de las tres R nos recuerda el orden de importancia a la hora de actuar para cuidar nuestro planeta: Reducir, Reutilizar y Reciclar.

20:00

Sofía y Violeta se pusieron a lavar las verduras para la sopa. Noté que estaban preocupadas por no derrochar agua, pero igual les pregunté:

¿Por qué es importante cuidar el agua?

"Si bien en el planeta hay muchísima agua, la mayor parte es la de los mares y los océanos, que no sirve para consumo humano. La que sí podemos utilizar luego de potabilizarla es la que está en los ríos, los lagos y las napas subterráneas. Y he aquí una cuestión importante: potabilizar el agua consume tiempo, dinero, energía y recursos naturales. Aunque hay suficiente agua para abastecer a toda la población del mundo, millones de personas no tienen acceso a la cantidad mínima que necesitan para vivir dignamente. Cuidar el agua que llega a nuestras casas es una manera de ayudarlas y de colaborar para que más gente tenga acceso al agua potable, ahora y en el futuro.

a

El agua es un derecho

En el año 2010 la Asamblea General de Naciones Unidas reconoció explícitamente el Derecho Humano al Agua. Desde entonces, es obligación de los gobiernos y de las organizaciones internacionales garantizar el acceso al agua saludable y suficiente para todas las personas del mundo.

El 22 de marzo es el Día Mundial del agua

20:45

¡La sopa estaba lista! Nos sentamos a la mesa y, mientras la saboreábamos, las desafié con una nueva pregunta:

¿Por qué lugares viajó el agua hasta llegar a la sopa?

> El agua viaja, ¡y mucho! Parte de la que hoy está en los mares, los ríos, los lagos y en los seres vivos subirá de a poquito a la atmósfera en forma de pequeñas gotas de vapor. En el cielo, esa agua evaporada formará nubes que podrán recorrer largas distancias antes de volver a caer en forma de lluvia o de nieve. Es decir que, en algún tiempo, podrá llegar a lugares muy alejados del río o de la planta donde emprendió su viaje hacia el cielo. Y allí podrá alimentar un nuevo río o regar una nueva planta. El agua que hay en nuestro planeta es siempre la misma y está siempre en movimiento, sin detenerse jamás, viajando de un lugar a otro y desde hace millones de años. ¡El agua de nuestra sopa pudo haber estado en el estómago de un dinosaurio o haber cruzado los cielos de China en forma de nube!

Napoleón

¿Y los fideos?

Como el agua, los elementos que están en los seres vivos forman parte de los ciclos de la naturaleza. La misma molécula de carbono que ahora está en el aire en forma de dióxido de carbono podrá luego incorporarse a la hoja de una planta y tiempo después al cuerpo de un animal.

Como los fideos se hacen con harina y la harina se fabrica a partir de la planta de trigo, el carbono de los fideos de la sopa pudo haber estado antes en una hormiga, en un sauce o en el cuerpo de Napoleón.

¡Qué maravilla los **ciclos de la naturaleza** que renuevan la vida sobre el planeta!

21:30

Mientras comíamos el postre, y antes de terminar con nuestra tarde a pura ecología, pensé que era importante reflexionar sobre una gran cuestión:

¿Quiénes se ocupan de cuidar el planeta?

Todas las personas podemos (y debemos) asumir el compromiso de cuidar el planeta a través de pequeños actos en la vida cotidiana. Para que esto ocurra y se multiplique, es fundamental la acción de la escuela, que nos permite conocer el problema y pensar sus posibles soluciones, y la de las organizaciones sociales u ONG (Organizaciones No Gubernamentales), que se ocupan de defender los recursos naturales, informar y concientizar a la población.

Sin embargo, todas estas acciones son apenas algunos eslabones de una gran cadena de responsabilidades. En esta cadena tienen un rol fundamental los gobernantes, que deben bregar por el cuidado de los recursos naturales de su territorio, protegiéndolos a través de la creación de leyes y de mecanismos de control para que esas leyes se cumplan. Deben fiscalizar sobre todo a las empresas, para que no contaminen, ahorren energía y fabriquen productos cuyos desechos puedan reciclarse, entre otras acciones. Además, es imprescindible el papel de los organismos internacionales que se ocupan de los problemas globales de la ecología, que fomentan acuerdos entre diferentes países y controlan que esos acuerdos se cumplan.

Presente y futuro

La población mundial aumenta cada año y también el ritmo de consumo de los recursos naturales y la energía, porque la tecnología nos ofrece cada vez más objetos y más servicios. Pero si la sociedad se sigue desarrollando a este ritmo, el futuro del planeta es muy desalentador.

Debemos encaminarnos hacia un **desarrollo sustentable**, que, como lo definió la Comisión Mundial para el Medio Ambiente y el Desarrollo de Naciones Unidas, consiste en "satisfacer las necesidades de las generaciones presentes sin comprometer las posibilidades de las futuras".

Ernesto Flores

Felipe

22:00

La cena estuvo riquísima y nos divertimos recordando el día transcurrido. Yo estaba feliz de haber podido compartir con mis sobrinas algunos de los temas de la ecología que tanto me apasionan y de sentir cómo ellas se interesaban.

Sonriente, levanté mi vaso y les dije: ¡Brindo por nuestro hermoso planeta! Sofía agregó: ¡Y porque podamos seguir aprendiendo a comprenderlo y cuidarlo! Violeta, ocurrente, concluyó:

¡Hay ecología hasta en la sopa!

agroecología
equilibrios
Agua
AIRE
RECICLAR
INORGÁNICO
ESPECIES
CICLOS
RESPONSABLE
SALUD
PLANTAS
Relaciones
BIODIVERSIDAD
MEDIOAMBIENTE
PROTEGER
COMPARTIR
energía
CONSUMO
CONTAMINACIÓN
BASURA
TIERRA
animales
HÁBITAT
ORGÁNICO
MATERIALES
reutilizar
Futuro
REDUCIR
DESARROLLO SUSTENTABLE

Propuestas para seguir investigando

Páginas para visitar:
- www.ecopibes.com
- www.somosamigosdelatierra.org
- www.cleanuptheworld.org/es/
- http://wwf.org/
- http://www.vidasilvestre.org.ar

Videos para mirar en youtube ▶
- *El ultimátum evolutivo*
- *La historia de las cosas*
- *Man* de Steve Cutts
- *Aprender a proteger la biodiversidad* (de Unesco)
- *Islas de plástico, un flagelo que no encuentra solución*
- *Qué son las especies invasoras* (Generación Natura)

¿Quiénes hicieron este libro?

Mariela nació en Buenos Aires en 1974 y desde el año 2000 vive en Mar del Plata. Es doctora en Biología y narradora oral. Desde pequeña le apasiona entender y cuidar el planeta. Disfruta de mirar el mar, el cielo y las montañas. Y le encanta pisar la tierra descalza, cerrar los ojos, respirar hondo y sentirse conectada con toda la naturaleza.

Ileana nació en Buenos Aires en 1972. Es bióloga, escribió muchos libros para niños y es una de las directoras de esta colección. Desde sus épocas de estudiante le encanta conocer cómo se relacionan las distintas especies entre sí y pasar los fines de semana al aire libre, lejos de los ruidos de la ciudad.

Pablo nació en Buenos Aires en 1978. Se dedica a dibujar, pintar y construir objetos. En su vida, las plantas son una gran fuente de inspiración, y disfruta de cuidarlas y propagarlas. Le gusta estar en contacto con la naturaleza, aprender de ella y sentir su magia.

¿Ya eres parte de los seguidores de iamiqué?

info@iamique.com.ar
www.iamique.com.ar
facebook: ediciones.iamiqué
twitter: @_iamique_

Este libro se imprimió en marzo de 2015 en Grancharoff Impresores, una empresa que está ubicada en Tapalqué 5868, Ciudad de Buenos Aires, Argentina, que no envía residuos industriales a las cloacas y que, para no usar agua potable, procesa y reutiliza el agua que se usa en las máquinas de su planta.
impresores@grancharoff.com